Geschüttelt, nicht gerührt

Geschüttelt, nicht gerührt

Schüttelreime

Matthias Oheim

Sven Eric Panitz

Für Rainer Schüttler

Impressum:
ISBN: 978-3-83910-241-1
© 2009 Matthias Oheim & Sven Eric Panitz
Herstellung und Verlag:
Books on Demand GmbH, Norderstedt
Layout & Satz: Sven Eric Panitz
Satz in XML mit quip 2.2.1.1
und pdfTeX (Web2C 7.4.5) 3.14159-1.10b
Umschlaggestaltung: Matthias Oheim
Originalzeichnungen: Matthias Oheim

Frankfurt am Main, Herbst 2009

Inhaltsverzeichnis

Sven Eric Panitz   49

Matthias Oheim

Sie schlossen einen Bund. Er war
ein Teil davon, wie wunderbar!

Tier & Reich

Familienehre

Den Eltern macht der Biber Schande
als Mitglied einer Schieberbande.

Nah genug

Der Storch war mit dem Schnabel nur
im Grenzbereich der Nabelschnur.

EU-Vorschrift

Ein Züchter muss Gewitterziegen
trotz ängstlichem Gezitter wiegen.

Herzhaft

Die Art, wie die Hyänen gähnen,
steckt erblich in den Genen jenen.

Schwere Kost

An kleinen blauen Rümpfen schlingen
Schlangen, die mit Schlümpfen ringen.

Kinderreich

Nicht selten sah man Truthahnbraten,
die gleich mit ihrer Brut antraten.

Opferschema

Der Keiler setzt die Hauer an,
begegnet ihm ein Auerhahn.

Lokales Phänomen

Ein Hund, der nicht wie viele bellt,
den findet man in Bielefeld.

Naschkatze

Vom Tellerrand, da ragen Kekse
als Nahrung für die Kragenechse.

Casanova

Vielleicht spürt er latente Reue,
schwört der Fasan der Ente Treue.

Feuchtgebiet

Bis zu einem Achtel Weiher
braucht man zur Brut der Wachteleier.

Tierversuche

Man füttert vierzehn Tage Niere
und Doggen werden Nagetiere.

Mikroskopisch

Man sieht die finstren Pläne Zecken
an, wenn sie die Zähne blecken.

Eiskunstbär

Der Eisbär ist ein weißer Bär,
es heißt, dass er ein Beißer wär'.
Sein Biss tut sozusagen weh und
aus diesem Grunde wagen Seehund
wie Walross niemals laut zu schnaufen
und ihm vor seine Schnauz' zu laufen
Zugleich steht er im Rufe, keiner
fährt auf dem Eis die Kufe reiner;
der Eiskunstlauf ist seine Wonne,
drum bitte ich dich, weine, Sonne!
Verbirg dein Antlitz hinter Wasser,
vergrämt das auch die Winterhasser,
dein Licht wird sonst die Gletscher plagen,
man hört schon das Geplätscher klagen.
Weil Eis ihn trägt und Wasser nicht,
wird aus dem Bär ein nasser Wicht
und traurig brummt sein Bass, er wär'
kein Eis-, sondern ein Wasserbär!

Lernfähig

Weil er stets guten Rat erkannte,
vom Hunde weg der Kater rannte.

Hot Dog

Da ist gewiss kein Dackel froh,
wenn ich ihm mit der Fackel droh'.

Sportlicher Aspekt

Dem Boxer war es schleierhaft,
ob durch K.O. ein Hai erschlafft.

Schamhaft

Er ist so voller Grind, der Hund,
drum hält er sich im Hintergrund.

Forschung & Technik

Mehr Schein als Sein

Herr Graf beliebt zu scherzen, kein
Strom im Schloss, nur Kerzenschein.

Zweckmäßig

Moderne Autos haben Schaltung
und eignen sich zur Schabenhaltung.

So war das damals...

Mit Hilfe einer Kohlemühle
schuf Koch die ersten Moleküle.

Pflegehinweis I

Sind angegraut die Wadenbeißer,
so werden sie durch Baden weißer.

Pflegehinweis II

Baumwollene Schottenmützen
muss man gut vor Motten schützen.

Akte X

Nur unter der Hypnose kamen
zurück die alten Kosenamen.

Pragmatisch

Es fragt sich schnell der Pessimist,
wo im Gewühl der Messi pisst.

Kann doch jeder!

Das will nichts über Schläue sagen,
kann man im Rechnen Säue schlagen.

Brot & Erwerb

Flexibel

Als Postbote bringt, naht er, Post er,
zur Not auch mal im Paternoster.

Ausbildungsgarantie

Nur Facharbeiter pumpen Lack
im Farbwerk, niemals Lumpenpack.

Rush Hour

Bei Friseuren hocken Trauben
von Kunden unter Trockenhauben.

Draußen vor der Tür

Zu Ärzten dringt das zarte Wimmern
nur selten aus den Wartezimmern.

Schussgeil

Den Jäger seit Dekaden freut's,
hat er etwas im Fadenkreuz.

Parkettpflege

Wenn Förster auf der Schonung wohnen,
dann wollen sie die Wohnung schonen.

Lauschangriff

Hört nah der Förster Füchse bellen,
geht er sie mit der Büchse fällen.

Berufsrisiko

Ein Fischer kriegt vom Walefangen
im Eismeer oftmals fahle Wangen.

Muckibude

Dem Häftling nützt es, Kraft zu haben,
sich notfalls aus der Haft zu graben.

Verhütung

Will Huren man an Kuren hindern,
führt häufig das zu Hurenkindern.

Lukrativ

Der Seelenarzt erforsche Paare,
sagt er, weil er gern Porsche fahre.

ABM

Der Glaser mit der breiten Zwille
zerschoss das Glas der zweiten Brille.

Spitzentanz

Wenn die Tänzer Spitze waren,
sollte man sich Witze sparen.

Berufskleidung

Die Hosen an der Leiter weitet
der Leiter, der was weiterleitet.

Erziehung & Wissenschaft

Schwarze Pädagogik

Man hörte, wie der Schinder keuchte,
der mit der Knute Kinder scheuchte.

ABC-Schütze

Wenn Schüler auf den Lehrer schießen,
lässt das nicht auf Verehrer schließen.

Brechtreiz

Die Schulzeit wird man schlecht verbringen,
muss man tagtäglich Brecht verschlingen.

Ausweg

Des Schülers Sucht der Droge gilt,
wenn ihn der Pädagoge drillt.

Konditionierung

Oft wurden Inder Päderasten,
weil sie auf Kinderräder passten.

Augenweide

Die Schüler sich beim Schulgang stauen,
weil sie auf fremden Stuhlgang schauen.

Seele & Abgrund

Nicht lernfähig

Die Nonne sprach, es lag ihr ferne,
dass sie von einem Fakir lerne.

Esther Williams

Gern tummeln sich im Wasser Nonnen,
und sind dort Spielball nasser Wonnen.

Unappetitlich

Der Ku-Klux-Klan erschwert den Tanz,
er federt und er teert den Schwanz.

Fragwürdig

Vermutlich, finde Schaden fein ich,
ist mein Charakter fadenscheinig.

Finsterling

Man sah Abdul, den glatten Scheich,
bei Nacht verschwinden schattengleich.

Teufel & Alkohol

Abgekanzelt

Der Pfarrer blickt besoffen drein,
wer will da nicht betroffen sein?

Exzentrisch

Auf seinen sieben Yachten trank er
Champagner stets im Trachtenjanker.

Toast

Zu allem sagte Tanja Prost!
Sie fand nur im Champagner Trost.

Ärztlicher Ratschlag

Wie schon Dr. Weber lehrte:
man achte auf die Leberwerte!

Damals im 4. Stock

Mühsam seinem Kater trotzend
an das Fenster trat er kotzend.

Innerer Schweinehund

Man soll, statt seine Sucht verfluchen,
vielmehr aus ihr die Flucht versuchen.

Ebbelwoi

Wer nie um den Pschyrembel bat,
stattdessen fand im Bembel Rat.

Seelentröster

Viele, die für Wermut schwärmen,
wollen ihre Schwermut wärmen.

Schluckspecht

Nach zwei Liter Radeberger
kriegt auch der Herr Brade Ärger.

Essen & Trinken

Schädling

Am Südhang deutscher Weine sprießt er,
der Schachtelhalm, der Schweinepriester.

Guter Kern

Im Kloß befand sich drinnen Speck,
das Äußere war Spinnendreck.

Feinschmecker

Es sind von Skrupeln freie Hessen,
die artgeschützte Haie fressen.

Kein Süßer

Don Pedro über Schokolade:
»Wer sowas frisst, ist loco! Schade.«

Verdauungsschläfer

Nur eins kann Smutjes Schlummer hemmen:
lädt man ihn ein zum Hummerschlemmen!

Revierverhalten

Der Laden, in dem Uschi saß,
war der, wo sie gern Sushi aß.

Kuscheltiere

Dem Koch einst an die Kehle mochte
der Scheich, als der Kamele kochte.

Werbemaßnahme

Ein Zettel hängt an Kellertüren,
da will man Miss Nutella küren.

Sprachfehler

Statt anderen die Muscheln neiden
soll lieber man das Nuscheln meiden!

Köstlich!

Herr Schmidt trinkt mit Behagen Saft,
der schmeckt ganz einfach sagenhaft!

Kalte Küche

Kartoffelbrei an Kohl pappen -
So isst man an den Polkappen!

Omas Rezept

Nichts besser ist zum Schmoren als
ein, zwei Löffel Ohrenschmalz.

Transferleistung

In meinem Kochbuch küss' ich Seiten
mit Aufnahmen von Süßigkeiten.

Wie bei Mutti

Der Smutje auf dem Kutter mochte
nur das, was seine Mutter kochte.
Doch sollten sie den Kutter buchen,
versuchen Sie den Butterkuchen!

Schweinerei

Wenn Gourmets nach Eber lechzen,
wird kurz darauf die Leber ächzen.

Schall & Rauch

Ambulant

Des Krankenwagens Reifen fauchen,
fällt einer um beim Pfeifenrauchen.

Konsumterror

Was bringt es dem Verbraucher ein,
das Nikotin? Ein Raucherbein!

Coole Sau

Beim Rennen gab Manolo Gas,
im Mundwinkel die Gauloise.

Zeitvertreib

Wer lange auf dem Rummel stand,
der raucht auch bis zum Stummelrand.

Juristische Grundlage

Es galten, wenn Zigarren knallten,
Gesetze, die für Knarren galten.

Krebsspargel

Gesundheit, die durch Lauch errungen,
nützt wenig gegen Raucherlungen.

Markenzeichen

Der Pferdemetzger, Fohlen killt er,
raucht Tabak nur durch Kohlenfilter.

Hören & Sagen

Auch eine Laufbahn

Ins Funkhaus zu den Schlagersendern
sieht täglich man Versager schlendern.

Zeitgebunden

Auch ein kalter Krieger fliegt
nur dann, wenn er den Flieger kriegt.

Xenophobie

Herr Schulz war so voll Fremdenhass,
dass er selbst fremde Hemden fraß.

Warenprobe

Per Post erhielt Herr Jansen Päckchen
mit etwa zwölf Schimpansenjäckchen.

XXL

Und ist er noch so groß, der Schuft,
er muss doch in den Schoß der Gruft.

Verkaufsschlager

Das macht den deutschen Rasen heiter:
ein Gartenzwerg als Hasenreiter!

Kreditwürdig

Als Toter überweist er Geld
vom Konto aus der Geisterwelt.

Feriendomizil

Zu Hause werden übel klagen
Touristen, die im Kübel lagen.

Gartenmode

Herr Müller züchtet heiter Rosen
in Tropenhelm und Reiterhosen.

Titanisch

Vor kurzem sah mein Bruder rot,
aufgrund von seinem Ruderboot.
Am Bootssteg abends lag es dicht,
versunken war's bei Tageslicht.

Du & dein Körper

Tse-Tse-Fliege

Nach Stichen muss Diana gucken,
die nachts im Zelt in Ghana jucken.

Angriffshaltung

Die meiste Zeit befallen Iren
Erreger nur auf allen Vieren.

Haarausfall I

Der Hautarzt sprach, er warne, kahl
wird schnell der Kopf im Karneval.

Haarausfall II

Schamesrot erglühen Fratzen
unterhalb von frühen Glatzen.

Durchgefallen

Oft folgt auf den Alarm Entehrung,
führt er spontan zur Darmentlehrung.

Geschwisterliebe

Schadet denn Inzest der Lunge?
Fragt so manche Lästerzunge.

Prekär

Kriegen arme Schlucker Zecken,
so ist das kein Zuckerschlecken.

Weite & Welt

Ähnlichkeit

Verwechselt hat man schon den Main
und den Amur bei Mondenschein.

For Heaven's Sake!

Nur eines weckt in Schotten Grauen:
wenn sie in tiefe Grotten schauen.

Kanalisiert

Wir fanden Hollands Grachten lausig
und zeigten es, wir lachten grausig.

Hot Spot

Ein Ort wirft seine Schatten weit;
man kennt ihn auch als Wattenscheid.

Prozesssüchtig

An Strafprozessen kleben Neger
in Ghana oft als Nebenkläger.

Vergangenes Glück

Nie wieder fand der Fabrikant
das, was er einst auf Capri fand.

Konsequenz

Sagt A man in Bad Soden, B
sagt man sogleich am Bodensee.

Schlecht beleuchtet

Da wurde selbst den Goten bang,
im Schwarzwald nachts auf Botengang.

Breite Palette

High Heels trägt man auf Bali, aber
Auch Schnabelschuh wie Ali Baba

Herkunft & Schicksal

Gebürtig I

Gebürtig ist der Toni Mohr
und sitzt gern vor dem Monitor.

Gebürtig II

Gebürtig ist der Vladi Tscheche,
zur Zeit misst er im Tschad die Fläche.

Gebürtig III

Gebürtig ist der Michael Ami
und sucht in Wanne-Eickel Mami.

Gebürtig IV

Gebürtig ist Herr Müller Finne
und dichtet mit dem Füller Minne.

Gebürtig V

Gebürtig ist der Ali Bayer,
bemalt ab März auf Bali Eier.

Gebürtig VI

Gebürtig ist der Thomas Ire
und aß als Kind gern Omas Tiere.

Gebürtig VII

Gebürtig ist der Gunther Este
und mischt sich gerne unter Gäste.

Gebürtig VIII

Gebürtig war der Wolli Kurde,
bevor er dann ein Collie wurde.

Bild & Rahmen

Preisleistungsverhältnis

Der hohe Preis verwundert Hasser
moderner Kunst bei Hundertwasser.

Unverträglich

Allergiker, die Lacke meiden,
die werden auch bei Macke leiden.

Einkaufstipp

Man muss nicht zu Picasso laufen,
will man sich nur ein Lasso kaufen.

Verpackungskunst

Wenn Skifahrer auf Pisten kacken,
will Christo das in Kisten packen.

Im Garten der Lüste

Wie fühlt sich Meister Bosch da frei,
hat er nur seinen Frosch dabei.

Weichei

Ich nannte Lukas Cranach dämlich,
er war noch lange danach grämlich.

Übermittlungsproblem

Qualität scheint Munch zu fehlen,
versucht man ihn per Funk zu mailen.

Ursache und Wirkung

In Mali malte Dali Myrrhe.
Danach herrschte in Mali Dürre.

Zutreffend

In Wien war einst ein Star der Klimt.
Ein Satz, da sagt man, klar, der stimmt!

Ambivalent

Egon Schiele schätzen viele,
andere zerfetzen Schiele.

Geheimer Zusammenhang

Im Prado hängt Magritte an Drähten.
Bei Tisch würgt halb Madrid an Gräten.

Who & Who

Absicht?

Kein anderer mit Tinten kleckst,
wie Bush auf einem Clinton-Text.

Literarisches Duett

Erscheint ein Buch von Esther Schweins,
kauf ich auch meiner Schwester eins.

Wagnerfestspiele

Wenn je ein Mensch beim Singen schlief,
dann war das Christoph Schlingensief.

Männerschmuck

Viel Gold sich um den Brilli wand
am Fingerring von Willy Brandt.

Sportpolitik

Weil er nicht Schön als Trainer wollte,
sich wütend Herbert Wehner trollte.

Geschmackssache I

Oft fragt man Miss Piggy, ob
sie auch so steht auf Iggy Pop.

Geschmackssache II

Oft bat Hermann Hesse Frauen,
dass sie ihm in die Fresse hauen.

Fixiert

Statt Kreti oder Pleti jagen
will Messner stets den Yeti plagen.

Allmacht

Darth Vader in die Ferne steuert,
wobei er auf die Sterne feuert.

Schuld & Sühne

FAZ-Leser, die radebrechen,
wollen sich an Brade rächen.

Bund & Liga

Saisonziele

Wer auf den Titel scheißt, der male
sich auch kein Bild der Meisterschale

Stürmeralbtraum

Kommt nicht auf Speed und Coca an,
was im Tor der Oka kann.

Frings returns

Zurück in seiner Not, zu Bremen,
ging Frings, statt Bayerns Brot zu nehmen.

Spielmacher

Der Teufel soll den Sechser holen,
der spielt ja wohl mit Hexersohlen!

Buch & Bühne

Universalgenie

Er spielte an der Flöte Gott;
auch Flöte spielte Goethe flott.

Softie

Zart und verletzlich will er scheinen,
drum sieht man Friedrich Schiller weinen.

Premierenfieber

Er konnte kaum Peer Gynt erwarten
und wartete im Wintergarten.

Lampenfieber

Wahrscheinlich schmort das Rampenlicht,
wenn's nach verbrannten Lampen riecht.

Dichterische Freiheit

Das kann's nur in der Bibel geben:
Trompeten lassen Giebel beben.

Faustisch

Im Keller rief Ralf Bauer: »Ach,
wär' dies hier nur der Auerbach,
wo durstig Männerkehlen saufen
und Teufelskerle Seelen kaufen,
in den ein ganzes Rudel passt;
da macht auch mal ein Pudel Rast.
Nicht jeder, der hier grantig ist,
ist deshalb gleich der Antichrist,
und ich könnt' viele Mädchen kraulen,
mag auch darob das Gretchen maulen.«

Dia & Log

Ernährungstipp

»Iss deine Pastinaken, Hase,
sonst kriegst du eine Hakennase«

Verdacht

»Dein Pokerblatt sieht Klasse aus,
doch woher sind die Asse, Klaus?«

Wintermärchen

Die Mutter spricht zu Walter: »Kind,
da draußen weht ein kalter Wind.
Zieh' dich warm an, denn Schal und Mützen,
sind winddicht allemal und schützen
vor Kälte, darum packe jetzt
dich ein, auch wenn die Jacke petzt.
Das letzte Mal hast du geschummelt
und dich nicht in den Schal gemummelt.«
Da hört man Walter klagen: »Leider
trug ich diverse Lagen Kleider
und mühsam wie ein Greis ich trat
vor's Haus. Es waren dreißig Grad!«

Letzte Warnung

Die Zwerge schrien: »Bebe, Hüne!
Wir kommen mit der Hebebühne!«

44

Dia & Lekt

Besser net

Mer soll im eischne Inderesse
in Indien kaa Rinder esse.

Ssprachwunder

Geßprächich ist der Mörderwal
und sacht auch drei, vier Wörder mal.

Awegg Aggsong

Isch schneid mit die Schere Fracke
ganz kapütt von Frere Jacques.

Sven Eric Panitz

Wir hoffen, dass die heile Welt
zumindest noch 'ne Weile hält.

Show & Bühne

Applaus

Zuschauer lauthals riefen: tolle
Darbietung dieser tiefen Rolle.

Freiluftdarbietung

Das Open Air Spiel war ein Bühnengrauen.
Man sollt' Theater nicht im Grünen bauen.
Das Stück mit Mantel und voll rauer Degen
ging gänzlich unter dort im Dauerregen.
Der Regisseur flucht' nur: »Na Super Wind!
Die Szenen ganz über die Wupper sind«.
Es regnete in Strömen Wasser. Blitz
und Donner. Alles war ein blasser Witz.
Die Reiter trugen auf dem Pferde Mützen
und fluchten laut: »verdammte Merde, Pfützen.«
Und leider ganz ins Wasser später fiel
das gute alte schöne Väter Spiel.

Schwer Verdauliches

Die Zuschauer am Ende speien leise.
Der Dinner-Krimi war nur Laienspeise.

Sanatorium

Warum die Leute in der Pause husten?
Die sollen besser erst zu Hause pusten.

Regisseur nach Probe

Damit ich euch nicht zu sehr lobe, preise
ich nun die heut'ge lange Probe leise.

Berühmtes Paar

Als ganz besonders lustig galt er. Will er
so lustig sein wie einst der Walther Giller?
Und dann die Rechnung Nadja Tiller zahl'
beim Kurzurlaub im schönen Zillertal?

Ballett

Sie tanzen auf der Matte bon
den Tanzschritt eines Battement.

Extase

Es tanzt mit wilden Schritten Till,
da wackeln Hildens Titten schrill.

ChaChaCha (Daktylus)

Tanzen, das sollst du mit ruhigem Schritte
                                    betreiben,
Choreographen es sonst nur als Tritte
                                    beschreiben.

Michael Jackson 1983

Wirkt es auch etwas leichenblass,
die Haut ich mir jetzt bleichen lass'.

Große und kleine Männer

Louise fand viel netter mich
als den ollen Metternich.

Mantel und Degen

Drei Musketiere biegen zart
die Härchen ihres Ziegenbart.

Nibelungen

Ich weiß, es klingt recht sagenhaft,
der Siegfrid gab dem Hagen Saft.
Am Ende zieht die Liebe nun gen
Sagenreich der Nibelungen.

Jurassic Parc

Es zeigt Herr Spielberg uns im Kino dann,
das, was ein ausgestorb'ner Dino kann.

Theater & Stück

Oscar Wilde

Bei Bunburry, da musst' ich lachen,
das konnt mich richtig lustig machen.
Es heißt dass Lady Windermere,
zum Lachen auch nicht minder wär.

Macbeth

Macbeth, dem sagten Hexengeister: »Heil!«
und prophezeihten: »König, heißt er.«. Geil
fand das von Ehrgeiz voll sein Eheweibe.
Jedoch am End' sieht man, Oh Wehe, Eibe
auch Eich' und Buche über'n Rasen laufen.
Darauf die Recken, wie wir lasen, raufen.
Voll Blut war'n hernach alle Tannen rot
und endlich schlug man den Tyrannen tot.

Hamlet

Vor Hamlet in der Nacht, da trat er. Voll
und ganz wie einst der tote Vater. »Troll«,
er sprach: »Du Dich hinfort, Du hässlich' Geist!«.
Dem Hamlet war ganz unvergesslich, heißt
es, dieser Spuk. Sah der Gespenster viele,
als ob ein Lichtreflex durchs Fenster spiele.
Der Geist der sprach: »Du musst mich rächen.
                                                    Springe
für mich Du ein. Musst mir versprechen, ringe
den Thron ihm ab, dem falschen Bruder. Licht
ins Dunkle bring', so dass mein Luder bricht
die schändliche Verbindung.« Böse tat
dem Hamlet das und um Getöse bat
er seine alten Schauspieltruppen. Pocken-
genarbt sie spielten dann wie Puppen trocken
das ganz und gar nicht schöne zarte Spiel.
Dem Publikum man nichts ersparte. Ziel,
das sollte die gerechte Rache sein.
Ganz stürzte er sich in die Sache rein.
Doch wenn zu sehr man an 'nem Hofe strebt,
dann schließlich man 'ne Katastrofe hebt.

Musik & Rhythmus

Schubert

Es hängen an der Leine Mieder
und leise flehen meine Lieder.

Katzenmusik

Es kreuseln sich beim schlechten Geiger Zehen.
So sehr kann Fiedeln auf den Zeiger gehen.

Hundemusik

Am Baume will der Bello scheißen
und anschließend ins Cello beißen.

Flötentöne

Als wolle man sie damit töten, floh'n
die Gäste schon beim ersten Flötenton.

Eifersucht musikalisch

Es spielte auch Othello schon
so manchen schönen Celloton.

Big Band Contest

Es mag an der Posaune liegen,
dass wir mit guter Laune siegen.

Seniorentanztee

Und als die Streicher richtig geigen,
da tanzen alle gichtig Reigen.

Rocker auf Abwegen

Er sich nicht um ein Buh schert,
spielt er mal was von Schu-bert.

Musiktherapie

Das muss man Joseph Haydn lassen,
bei ihm, da lernt man Leiden hassen.

Vertonungen an der Waterkant

Vertonte hinter Deichen Orff
Gedichte von Herrn Eichendorff?

Hurz

Erst sang skurril er länger Sachen,
dann hörte man den Sänger lachen.

Schuhe & Stiefel

Insolvenz

Der Hans verprasste völlig seine Kohle.
Nun trägt er Schuhe, die haben keine Sohle.

Pflegeanleitung

Der Bert pflegt Schuh' aus edlem feinen Leder
am liebsten nur mit einer kleinen Feder.

1968

Den Pflasterstrand gar in Sandalenritzen
beisammen Spontis nach Randalen sitzen.

Stauraum

Bei uns stehn unter allen Treppen Schuhe
zumeist in einer alten, scheppen Truhe.

Kalligraphisch

Was immer ich in schöner Schrift auch tue,
da kannst Du sicher sein, betrifft auch Schuhe.

Schnürstiefel

Auch wenn er steht im vollen Saft, der Schenkel,
umschnürt sehr gut den Stiefelschaft der Senkel.

Alkohol & Wirtschaft

Mehr Schein als Wein

Das Leben uns der Wein verschöne,
der uns nicht nur zum Schein verwöhne.

Frankfurt

Die Frankfurter, die hocken beim
Apfelwein in Bockenheim
und lassen keine Haxen sausen
beim Stelldichein in Sachsenhausen.

Dandytum

Der Dandy von dem lieben Sekt
bis morgens um halb sieben leckt.
Anschließend so ein Dandy kann
nicht lassen von dem Candy dann.
Und hat er auch im Herzen Kummer,
er isst beim Schein von Kerzen Hummer.

Medizinische Warnung

Ja, wenn ich's dir doch sage: Trinken,
das lässt Dich auf die Trage sinken.

Statt Alkohol

Und manchmal führt ein Rollentausch
dann auch schon zu 'nem tollen Rausch.

Wunschtraum

Das war wohl nur ein krasser Wahn
der Alkohol im Wasserkran.

Schinderhannes

Wir machten gute Beute hier,
drum trinken wir auch heute Bier.

Von der Muse geküsst

Und Zecher, die zu lange saufen,
heim nur noch mit Gesange laufen.

Forschertrieb

Erst trinken wir paar Kummerrunden,
bevor wir dann den Rum erkunden.

Dem Tod getrotzt

Was immer auch der Schnitter macht,
wir trinken heut bis Mitternacht.

Der Becher mit dem Fächer

Was immer ihre Becher ziere,
meist trinken alle Zecher Biere.

Ornithologisch

Mir wird als alter Schluckspecht
vom Schnaps, so dass ich spuck, schlecht.

Späte Reue

Es stehen mit zu großer Leber Greise
an ihrer Saufkumpanen Gräber leise.

Dancing in the Streets

Worin besinnungslos wir tanzen? Gassen!
Nachdem wir trinken Schnaps in ganzen Tassen.

Und die Folgen

Und wenn wir bis zum Reste feiern,
dann werden wir auch feste reiern.

Kneipenbekanntschaft

Da stehst Du sexy hinterm Tresen, Weibe.
Wie gern ich's mit Dir schönem Wesen treibe.

Erstrahlt

Es schmeckt sogar der Wein – schärfer
im grellen Lich der Schein–werfer.

Thekengespräche

Am Tresen gerne schwallt er. Ede,
der sagt dazu dann: »Alter Schwede!«

Bier auf Wein

Macht es auch schwere Beine, wir
trinken noch nach dem Weine Bier.

Ehe & Sex

Finanzkrise

Und fehlt's dem Hahn am Money, Huhn,
dann gibt's halt keinen Honeymoon.

Wer sich neckte

Die einst sich häufig hauten, trafen
sich heut' in einem trauten Hafen.

SM und Hochzeitsnacht

Du sollst die Braut nicht an die Beine ketten.
Für solche Spiele baut man keine Betten.

Freudentag

Wenn sich der Bräutigam mal fangen lässt,
dann feiern wir das mit 'nem langen Fest.

Trinkspruch

Auf dass recht lang der Gatte lebe
und ihr 'ne stramme Latte gebe.

Intelligenzsteigerung

Alleinsein macht den Schlingel sauer.
Die Ehe macht den Single schlauer.

Tischreden

Die Hochzeitsgäste wollen Torte,
nach all der langen tollen Worte.

Brautwalzer

Dem Brautpaar geht's am End' beim Tanzen gut,
wenn's dann die Gästeschar im Ganzen tut.

Sportliches Ende

Zur Scheidung warf sie fort den Fingerring,
den schließlich ganz verdutzt ein Ringer fing.

Warnung

Ihr solltet Menschen, die nicht lachen, meiden,
denn diese Leute wirklich machen Leiden.

Die ganze Wahrheit

Sich Männer nicht zu fragen trauen.
Verantwortung? Die tragen Frauen.

Guten Abend gute Nacht

Wenn auf dem Bett wir liegen wieder,
dann singen wir uns Wiegenlieder
und schlafen dann ganz sachte ein.
Wenns klingelt wird's halb achte sein.

Spanking

Die Partner sich an einem Hiebe laben,
wenn beim SM sie einmal Liebe haben.

Exhibitionismus

Der Unhold unter Loden hatte
'ne kräftig stramme Hodenlatte.

Bibliophilie

So manche auf dem Tresen lieben,
was andre gern beim Lesen trieben.

Homosexuelle Moden

Der Schwule trägt 'ne Lederjack'.
Bei denen mag auch jeder Lack.

Sport & Spiel

Pfiff

Der Elfer ist beim Fußball
'ne starke Form von Bußfall.

Fliegenfänger

Man muss trotz Abseitsfalle bangen,
ob Torhüter den Balle fangen.

FC Bayern Prognose

Ihr werdet Zweite in der Liga sein
und damit nur ein kleines Siegerlein.

Auswechslung

Es hat der Schelm Mut, höhn
ich über Helmut Schön.

An der Stange

Beim TSV, da hört man rufen: »Steck
die Turnerin doch mal ans Stufenreck.«

Verhindertes Training

Wir sollten Training an den Ringen haben.
Doch seltsam wars, an diesen hingen Raben.

Dabeisein ist alles

Nur nicht auf Goldmedaillen Beute harren.
Im Training üben wir drum heute Barren.

Flora & Fauna

Schildkröten

Schildkröten sind gewandte Riesen.
So manche überrannte Wiesen.
Sie schnell auf großen Weiten sind
und rennen auch bei Seitenwind.

Liebe über Artengrenzen hinweg

Man sagt, so manches Gürteltier
voll Liebe nach 'ner Turtle gier.

Tiefrot

Es trinkt ganz gern das Warzenschwein
ein Gläschen von dem schwarzen Wein.

Fressen und gefressen werden

Vor der Katze Schattenriss
haben alle Ratten Schiss.

Leben nach dem Tod

In einem dunklen Schattenreich
sind alle toten Ratten Scheich.
Sie kamen durch 'nen roten Teich,
der führte sie ins Totenreich.

Von Mücken und Elefanten

Ihr Liebhaber 'ner Mücke glich,
doch stöhnte sie: »Beglücke mich!«

Bärenauslese

Bei Graz, da gibt's ne Zauberschlucht
mit einer großen Schlaubär-Zucht.

Glück auf!

Mitunter auch mal stechen Zecken
Bergleute, die in Zechen stecken.

Beruf & Alltag

Juristische Unterweisung

Wenn man das ins Reine dächte,
wären das auch deine Rechte.

Lehrberufe

Professorales Geschwafel tankte,
der Schüler bis die Tafel schwankte.

Pädagogik

Denn hat ein Kind Märchen und Fabeln gern,
so hält es sich von Messern und Gabeln fern.

Vorschulerziehung

Die Herzogin der Karten
zeigt heut' im Kindergarten:
»So geht mein neuer Trick.«
Ich als Betreuer nick'.
Die Kinder toben laut.
Das Eis vom Loben taut.

Messer Gabel Scher' und Licht

Margarine mit dem Buttermesser
streicht aufs Brot die Mutter besser.

Marketing

Produkte ohne Vorteil,
die bietet nur ein Tor feil.

Pfusch am Bau

Die Werften bei 'nem Schiffbau sparten. Kiel
und Mast die waren aus 'nem Kartenspiel.

Kreditwesen

Und geben sie auch Zinsen. Banken
mit Kunden in den Binsen zanken.

Störungsstelle

Man sagte mir, es fehle Ton
bei meinem alten Telephon.

Design Pattern

Im Lichtdesign gestalte helle
der Architekt die Haltestelle.

Hobby & Freizeit

Kleingartenkolonialstil

Es fördert der Gesetzes-Geber Schraten
auch den Besitz von einem Schrebergarten.

Falschspieler

Wenn ich mit Captain Blaubär zock',
spielt der mit einem Zauberblock.

Schönes Österreich

Es fühlte sich Herr Meier stark
beim Urlaub in der Steiermark.

Alpen Ostsee Linie

Man schätzt sogar in Kärnten viel
den Strand im weit entfernten Kiel.

Tee oder Kaffee

Beim Kaffeekranz ich seh' gern Tee
im Kurhotel am Tegernsee.

Frischluftschock

Für frische Luft da bürgen Wald
und Wies', so dass wir würgen bald.

Gesund- & Schönheit

Entschleunigung

Entspannung brauch' ich, keine Uhr.
Am besten mach' ich eine Kur.

Ärztliche Untersuchung auf Denglisch

Der Arzt will meine Sehnen tracken
und schaut auch nach den Tränensäcken.

Suizid

Es fehlte ihm am Sauerstoff,
grad als er sich im Stau[1] ersoff.

Phobie

Mich immer etwas starr fühle
benutze ich die Fahrstühle.

Diätverein

Man wird uns mit den Fragen messen,
was wir uns in den Magen fressen.

Zigaretten

Ein echter Kerl braucht keine Semmel,
er raucht zum Frühstück seine Camel.

---

[1]Stau heißt das Hafenbecken in Oldenburg.

Orale Phase

Der Zigarette Flamme Asche
für Raucher ist der Amme Flasche.

Marketing auf Französisch

Und kauft man à Paris Gazetten
dann gibts dazu auch Zigaretten.

Warnhinweis

Der Tabak deine Zunge lähmt,
auf Dauer auch die Lunge zähmt.

Antibiotika auf Aquafarm

Man weiß nie, was den Mutterfischen
die Züchter unters Futter mischen.

Babelfisch

Man sagt, so mancher Tauber zier,
sein Ohr mit einem Zaubertier.

Antiquierte Kleidung

Es heisst ja, dass ein Vatermörder,
um einiges die Marter förder.

Haarfärbemittel

Ein Gothic Girl aus Dänemark,
die färbte sich die Mähne dark.
Sie fühlte sich wie heiße Ware,
drum färbte sie sich weiße Haare.

Aus All & Welt

Vor der Apokalypse

Wir hoffen, dass die heile Welt
zumindest noch 'ne Weile hält.

Geographie

Hässliche Städte wie Herne stören
so sehr, es selbst die Sterne hören.

Historisches

Nur Helden hört man in der Wiege sagen,
ich werd' im Leben manchen Siege wagen.

Kalendarisches

Ich frag', was macht er hier des Mainachts? Wann
normalerweise kommt der Weihnachtsmann?

Geruchsbelästigung

Geh fort mir mit dem Döner, Schuft!
Der stinkt und ist kein schöner Duft.

Landleben

Die Kinder nach dem Kuchenbacken
ganz offen in die Buchen kacken.

Krisenanalyse

Auch der Nahostkonflikt der Gegenwart
schon längst vergang'ner Zeiten wegen gart.

Internationaler Terrorismus

Sein Konto führt auf Bali – Tan
und Pin geschützt der Taliban.

Grünes Lamento

Was man da wieder baut, oh ahn'
ich's doch, ist eine Autobahn.

Erbschaft

Die Freunde, die verprassen Kais
Vermögen unter Kassenpreis.

Heimflug nach dem Finale

Und daselbst die Sieger fluchen,
als sie ihren Flieger suchen.
Sind am End' des Ganges late.
War ein schrecklich langes Gate.

Hells Angels

Erst lassen sie am Bike die Räder laufen.
Dann sieht man sie im schwarzen Leder raufen.

Märchenhaft

Schneewittchen sie ins gläsern' Särgchen zwingen,
worauf »Hei Ho!« die sieben Zwergchen singen.

Hänsel und Gretel

Es hält der Hänsel aus dem Zwinger feige
der alten Hexe statt der Finger Zweige.

Herbst

So herbstlich mild im Nebenlicht
ist's sonst in Deinem Leben nicht.
Ganz bunt gefärbt durch Blätter Wiesen.
Vom Baume sie die Wetter bliesen.
Voll Farbenpracht das lange Band
durchzieht im Tal das bange Land.
Es reimte einst ein Sängerlein,
wer einsam ist, wird's länger sein.

Ehe & Szene

Ein Ehepaar macht sich zum Ausgehen fertig.

Er
Warum wir stets zu diesen Deppen schlürfen,
voll Dank, dass wir uns dorthin schleppen dürfen

Sie
Sie sind gesellschaftlich uns Ziel und Start.
Und haben einen feinen Stil. Und zart
ist ganz besonders ihr Manierenfluss,
so dass man einfach hin flanieren muss.

Er
Ich finde, es sind eitle gecke Affen,
so wie sie hinter jeder Ecke gaffen.
Und hinter ihrer Pomp- und Snobfassade
befindet sich doch nur, was stets saß fade.

Sie
Nur Du versteigst Dich in formalen Neid.

Er
Ach was! Ich nenne das normalen Fight.
Daheim zu bleiben wegen einer Sendung
im Fernsehn, wär der Segen einer Wendung.

Sie

Kann dich zur Party gar nichts heute locken?
Willst du daheim wie alle Leute hocken?
Den Alltag uns die höh'ren Kreise würzen
und Lang'weil uns auf diese Weise kürzen.

Er

Ich pupt heut gern den Fernsehsessel voll.
Ein Actionkrimi nur als Fessel soll
mir dienen, oder eine Liedernacht,
bei der man alle Sorgen niederlacht.

Sie

Du meinst wohl Volksmusik, die Lieder macht,
damit nur etwas aus dem Mieder lacht.
Lass uns ein Feuerwerk entfachen, Mann!
Du wirst schon sehen: Partys machen Fun!

Er

Ich seh, wie Canapés die Fratzen kauen
und hinterhältig so wie Katzen Frauen
über die anwesenden Wesen lästern.
Bleiben wir doch daheim und lesen Western.

Sie

Du bist ein Mann, der alles krude biegt.
Und man dich nicht aus deiner Bude kriegt
Nun führst du wieder nur dein lasches Wappen.
Gebärdest dich hier wie ein Wasches-Lappen.

Was mach' ich nur mit dir, patziger Kranker?
Du führst Dich auf wie toll, kratziger Punker.

Er

Gesellschaft ist nur eine Riesenmasse
verkorkstes Blut von einer miesen Rasse.

Sie

Was soll ich nur zu diesem Schlingel sagen?
Es bleibt mir nichts, als ihn zum Single schlagen.
Ich werd' Dich um 'nen guten Preis verlassen.
Den Unterhalt, den werd' ich leis verprassen.

Er

Hör' auf, sonst blas' ich Dir gleich einen Marsch.
Und Lecken kannst Du mir dann meinen Arsch.

Sie

War früher er Galanterie der Nacht,
so ist der Mann heut' voller Niedertracht.
Du wirst ganz jämmerlich bald leiden. Schassen
das werd' ich Dich, sowie mich scheiden lassen.
Bevor mit Dir ich Hieb auf Hieb laber,
da nehm' ich mir doch einen Liebhaber.

Er

Ich weiß, Du wirst gleich wieder schmollen.
Runzeln
du hast. Ich muss auch über Rollen schmunzeln,

die fettig Deinen Körper schmücken.

Sie

Lecken

das kannst Du mich und dann die Lücken schmecken.
Ich stürz' mich jetzt ins Abenteuer. Schon
ganz bald herrscht hier ein neuer scheuer Ton.
Wenn ich mit knackig jungen Kerlen penne
und Dich nicht mehr trotz all der Perlen kenne.

Er

Darauf könnt' ich sehr viele Wetten binden,
Du wirst Dich nicht in Liebesbetten winden.

Sie

Ich werd' Dich nie, niemals Du Penner missen.
Ich könnt auf alle trägen Männer pissen.

Liedeslieb

Leise flehen meine Lieder
Flehen durch die liebe Nacht
Hängen an der Leine Mieder
Ward so etwas nie belacht

Was mich nachts in Schüben traf
War ein Bild des Trüben, Schaf
Wie zu Dir mein Sehen flieht
Jeder schon mein Flehen sieht

Zärtlich flehen weise Lieder
Und ich lieg noch lange wach
Flehen zärtlich leise wieder
Ich auf halber Wange lach'

Wach ich bis halb sieben lag
Wie nur ich mein Lieben sag
Wird es mich zerteilen? Gier
Nur nach Dir, dem geilen Tier

Leise fleht in Liedernacht
Flehet durch die Diebesluft
Niemand mir es nieder lacht
Rieche ich Dein' Liebesduft

Was man mir von Morgen sagt
Füllt mich voller Sorgen, Magd
Was mit uns noch gestern war
Ärger als im Western gar

Leise flehen weiter Lieder
Nur nach Deiner lieben Hand
Steig ich auf die Leiter wieder
Ich bei Dir mit Hieben land'

Wo nur hin mit Tränen soll
Wo sich hin mein Sehnen troll'
Was ich mit dem Herzen schau'
Albern ich mit Scherzen hau'

Leise flehen beide Lieder
Schmerz an meinem Leben nagt
Flehentlich ich leide bieder
Ihr wie ich daneben lagt

mit Fleiß es wehen
ich weiß es flehen
wieder leise
Lieder weise
flehen
weise
leise
wehen

Ein Seufzen ich ins Weite sende,
wenn ich die letzte Seite wende.
(M.O.)

Wir reimten mit vereinten Stimmen. Schluss
jetzt endlich sei mit diesem schlimmen Stuss!
(S.E.P.)